5thQuart.bmp

AfterGlo.bmp

BakeSale.bmp

BbleStdy.bmp

D1224413

ChoirTor.bmp

Concert.bmp

Feloship.bmp

CarWash.bmp

Grduatin.bmp

HayRide.bmp

LockIn.bmp

Mission Trip

Mssintrp.bmp

MvesPcrn.bmp

Retreat1.bmp

PizaPrty.bmp

Retreat.bmp

RoadTrip.bmp

ScvgrHnt.bmp

SkiTrip.bmp

SmerCamp.bmp

Talent Night

TlntNite.bmp

VidoPty.bmp

Youth Camp

YuthCmp.bmp

Youth Choir

YuthChor.bmp

Talent Night

Youth Camp

Youth Choir

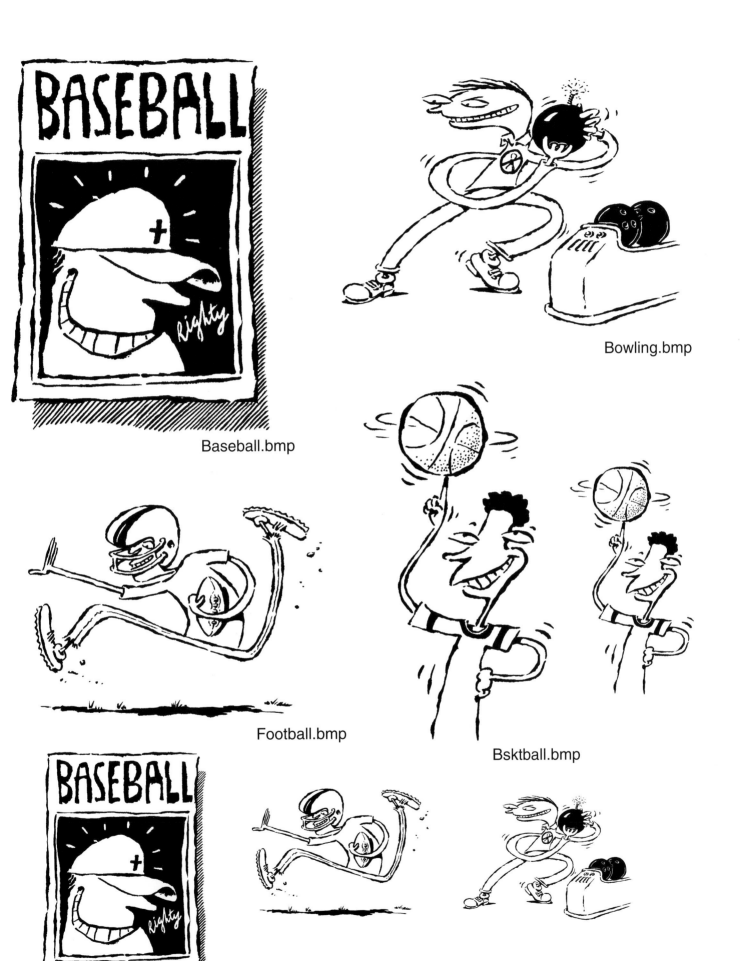

Baseball.bmp

Bowling.bmp

Football.bmp

Bsktball.bmp

MiniGolf.bmp

Softball.bmp

SwimPty.bmp

Volleyball

VoleBall.bmp

SwimParty

FndRaisr.bmp

IceCream.bmp

FoodFght.bmp

Faces.bmp

Clnundy.bmp

Announc.bmp

Attentin.bmp

CllPrns.bmp

WakyBrdr.bmp

Wave.bmp

Xmasbrdr.bmp

XmasAngl.br

Christms.bmp

Easter.bmp

Pattrn.bmp

SignUpNw.bmp

Dnt4get.bmp

January

January March
February April
May June
July August
September
October

Jan.bmp
Feb.bmp
March.bmp

February

March

April September

April.bmp
Sept.bmp

May October

May.bmp
Oct.bmp

June November

June.bmp
Nov.bmp

July December

July.bmp
Dec.bmp

August November
December

August.bmp